BEI GRIN MACHT SICH IHR WISSEN BEZAHLT

AF135810

- Wir veröffentlichen Ihre Hausarbeit, Bachelor- und Masterarbeit

- Ihr eigenes eBook und Buch - weltweit in allen wichtigen Shops

- Verdienen Sie an jedem Verkauf

Jetzt bei www.GRIN.com hochladen und kostenlos publizieren

Bibliografische Information der Deutschen Nationalbibliothek:

Die Deutsche Bibliothek verzeichnet diese Publikation in der Deutschen National-bibliografie; detaillierte bibliografische Daten sind im Internet über http://dnb.d-nb.de/ abrufbar.

Impressum:

Copyright © 2018 GRIN Verlag
Druck und Bindung: Books on Demand GmbH, Norderstedt Germany
ISBN: 9783346027467

Dieses Buch bei GRIN:

https://www.grin.com/document/499028

Jonathan Schöttler

Trainingslehre. Ausdauertraining zur Körperformung und Verbesserung der Leistungsfähigkeit für einen 23-jährigen Mann

GRIN Verlag

GRIN - Your knowledge has value

Der GRIN Verlag publiziert seit 1998 wissenschaftliche Arbeiten von Studenten, Hochschullehrern und anderen Akademikern als eBook und gedrucktes Buch. Die Verlagswebsite www.grin.com ist die ideale Plattform zur Veröffentlichung von Hausarbeiten, Abschlussarbeiten, wissenschaftlichen Aufsätzen, Dissertationen und Fachbüchern.

Deutsche Hochschule für
Prävention und Gesundheitsmanagement
Hermann Neuberger Sportschule 3
66123 Saarbrücken

Einsendeaufgabe

Fachmodul: Trainingslehre 2

Studiengang: Sportökonomie

Name, Vorname: Schöttler, Jonathan

Studienort: **Hamburg**

Inhaltsverzeichnis

1 Diagnose

In Tabelle 1 werden die allgemeinen und biometrischen Daten der Person dargestellt, die für die Auswahl des Testverfahrens und die darauffolgende Trainingsplanung grundlegend notwendig sind.

1.1 Allgemeine und biometrische Daten

Tab. 1: Allgemeine und biometrische Daten (eigene Darstellung)

Parameter	Daten der Person
Alter	23 Jahre
Geschlecht	Männlich
Körpergröße	179 cm
Körpergewicht	70 kg
Körperfettanteil	22 %
Trainingsmotive	• Verbesserung der körperlichen Leistungsfähigkeit • Verbesserung der Ausdauer für den Handballsport • Körperformung • Stressregulation • Ausgleich vom Arbeitsalltag
Berufliche Tätigkeit	Physiotherapeut; teils sitzende, teils stehende Tätigkeiten
Aktuelle sportliche Tätigkeiten	• Handball seit 9 Jahren auf Leistungsniveau, 2-3x pro Woche für 90 Minuten → Leistungsstufe: Fortgeschrittener • Krafttraining seit 12 Monaten ohne systematische Trainingsplanung, 2x pro Woche für 60 Minuten → Leistungsstufe: Geübter
Verfügungsrahmen	3x pro Woche für 60-90 Minuten
Blutdruck	Systolisch: 113 mmHg, diastolisch: 76 mmHg
Ruhepuls	62 Schläge/Minute
Subjektive Beschwerden	Keine Beschwerden vorhanden
Orthopädische Probleme	Keine
Internistische Probleme	Keine
Momentane ärztliche Behandlung	Keine
Einnahme von Medikamenten	Keine

1.1.1 Bewertung der allgemeinen und biometrischen Parameter

Wie sich anhand der erhobenen Daten erkennen lässt, ist der allgemeine Gesundheitszustand der Person weder durch internistische oder orthopädische Probleme eingeschränkt und befindet sich daher in einem guten Zustand. Da unter anderem auch keine subjektiven Beschwerden vorhanden sind, ist eine gute Trainierbarkeit der Person gegeben.

Der Blutdruck des Probanden, fällt laut der World Health Organization, in den Bereich des optimalen Blutdrucks (Middeke, 2004, S. 17). Der Ruhepuls des Probanden liegt ebenfalls im Bereich des Durchschnittsbürgers, weshalb während des Ausdauertrainings keine Einschränkungen durchgeführt werden müssen.

1.2 Leistungsdiagnostik/Ausdauertestung

Eine Leistungsdiagnostik ist erforderlich, um vor der Trainingsplanung den momentanen sportlichen Leistungsstand des Probanden herauszufinden. Auf Grund vieler verschiedener Testverfahren ist es möglich, für jeden Kunden spezifisch eine Ausdauertestung durchzuführen.

Die Testverfahren für das Fahrradergometer sind für fast jede Zielgruppe gut geeignet, da neben vieler verschiedene Testmöglichkeiten auch variable Möglichkeiten individueller Belastungsdosierung an den Geräten durchführbar sind. Des Weiteren ist durch die geringe koordinative Anforderung auch die Belastung des Bewegungsapparates sehr niedrig.

Für die die Zielgruppe der Leistungs- und Ausdauersportler wird der Vita-Maxima-Test gewählt, da hier bis zur vollständigen Ausbelastung getestet wird. Das WHO-Schema eignet sich für übergewichtige und leistungsschwache Personen, sowie untrainierten Frauen. Durchschnittlich bis gut trainierte Personen, sowie normal leistungsfähigen Männern, werden mit dem Hollmann-Venrath-Schema getestet.

1.2.1 Begründung der Auswahl des Hollmann-Venrath-Schemas (H&V-Schema)

Nach Auswertung der allgemeinen und biometrischen Daten, ist der Hollmann-Venrath-Test am geeignetsten für den Probanden. Auf Grund der jahrelangen Sporterfahrung ist er in einem gut trainierten Zustand und damit auch in der Lage den Ausdauertest, ohne jegliche Probleme durchführen zu können. Der sportliche Leistungsstand hätte auch die Möglichkeit gegeben, den Kunden den Vita-Maxima-Test durchführen zu lassen. Da dieser aber für Leistungssportler konzipiert ist, die an ihre körperlichen Grenzen gehen und der Proband seinen Sport nur als Hobby durchführt, schien das H&V-Schema am passendsten für die Testperson.

1.2.2 Durchführung des Hollmann-Venrath-Tests

In der folgenden Tabelle wird der Testverlauf der durchgeführten Leistungsdiagnostik dokumentiert.

Tab. 2: Protokoll Hollmann-Venrath-Test (eigene Darstellung)

Testform: Holl-mann-Venrath-Test (submaximaler Stufenstest)	Stufendauer: 3 Minuten	Eingangsbelastung: 30 Watt	Blutdruck: 113/76 mmHg	
	Belastungssteigerung: 40 Watt	Trittfrequenz: 60-80 U/Minute	Gewicht: 70 kg	
			Ruhepuls: 62 Schläge/Minute	
Pulsobergrenze/Abbruchgrenze nach IPN: 157 S/min				
Zeit	Watt	Herzfrequenz	Zeit	Watt	Herzfrequenz
1. Minute	30	82	11. Minute	150	117
2. Minute	30	86	12. Minute	150	122
3. Minute	30	89	13. Minute	190	130
4. Minute	70	94	14. Minute	190	142
5. Minute	70	98	15. Minute	190	150
6. Minute	70	100	16. Minute	230	155
7. Minute	110	103	16,20 Minuten	230	157
8. Minute	110	105	Watt gesamt		230
9. Minute	110	111	Watt/Kg		3,3
10. Minute	150	112	Bewertung nach Normtabelle		Sehr gut (über dem Durchschnitt)

1.2.3 Bewertung der Testergebnisse des Hollmann-Venrath-Tests

Der Testabbruch erfolgte nach 16 Minuten und 20 Sekunden, nach dem der Trainierende die Pulsobergrenze von 157 Watt erreichte. Die zeitinterpolierte Gesamtwattzahl von 230 Watt ergibt die Testgröße.

Ableitend aus der Normwerttabelle liegt die durchschnittliche Watt-Leistungs-Fähigkeiten für einen dreiundzwanzig jährigen Mann zwischen 2,0 Watt/Kg und 2,40 Watt/Kg. Die durch den Hollmann-Venrath-Test ermittelte Watt-Leistungs-Fähigkeit des Probanden von 3,3 zeigt, dass seine Leistungsfähigkeit sehr gut ist und damit laut IPN-Normtabelle deutlich über dem Durchschnitt liegt (Trunz-Carlisi, 2004, S. 8).

1.3 Gesundheits- und Leistungsstatus der Person

Auf Grund der jahrelangen Trainingserfahrung im Handballsport und der damit erreichten sportlichen Leistungsstufe, sowie der nicht vorhandenen gesundheitlichen Probleme lässt sich zusammenfassend sagen, dass die Person sportlich uneingeschränkt belastbar ist und somit im Trainingsplan keine Einschränkungen notwendig sind.

Die Testergebnisse der Leistungsdiagnostik ergaben eine überdurchschnittlich gute Ausdauerleistungsfähigkeit der Testperson. Dem entsprechend müssen auch hier keine Einschränkungen durchgeführt werden und die Trainingsintensität kann regelmäßig gesteigert werden, um eine optimale Leistungssteigerung des Trainierenden zu erreichen.

2   Zielsetzung/Prognose

In der folgenden Tabelle werden die relevanten Ziele der Testperson für die darauffolgende Trainingsplanung dokumentiert. Die Ziele werden auf Basis der Diagnosedaten und der genannten Trainingsmotive festgelegt.

Tab. 3: Zielsetzung/Prognose des Kunden (eigene Darstellung)

Inhalt	Ausmaß	Zeit
Verbesserung der Wattleistung beim submaximalen Test	Steigerung von 3,3 Watt/kg auf 3,8 Watt/kg	In einem Zeitraum von 12 Wochen
Senkung des Körperfettanteils	Senkung um 5%	In einem Zeitraum von 12 Wochen
Senkung des Ruhepulses	Senkung um 6 Schläge/Minute	In einem Zeitraum von 12 Wochen

2.1 Begründung der Auswahl der Trainingsziele

Laut Gallagher liegt der normale Körperfettanteil eines 21-jährigen Mannes zwischen 8% und 20% (Gallagher, Heymsfield, Heo, et al, 2000). Der leicht erhöhte prozentuale Körperfettanteil und der Wunsch der Körperformung führten dazu die Senkung des Körperfettanteils als Ziel in die Trainingsplanung aufzunehmen.

Der Wunsch des Kunden einen Ausgleich zu seinem Arbeitsalltag zu finden und damit weniger Stress zu haben, gab den Anlass die Reduzierung des Ruhepulses in die Zielsetzung aufzunehmen.

Die Verbesserung der Wattleistung beim submaximalen Test wurde als Trainingsziel ausgewählt, da der Proband während der Diagnose die Verbesserung seiner körperlichen Leistungsfähigkeit als Trainingsmotiv nannte. Dieser und der Wunsch der Verbesserung der Ausdauer für den Handballsport, waren der Grund ein sportmotorisches Ziel bezogen auf die Ausdauertestung in den Trainingsplan aufzunehmen.

3 Trainingsplanung Mesozyklus

3.1 Grobplanung Mesozyklus

Der nachfolgend aufgeführte Mesozyklus ist der erste Mesozyklus des Kunden, welcher anhand der Diagnose und der Ausdauertestung erstellt wurde.

Tab. 4: Grobplanung des Mesozyklus (eigene Darstellung)

Dauer des Mesozyklus	6 Wochen
Übergeordnete spezifische Trainingszielsetzung	• Aktivierung und Verbesserung des Fettstoffwechsels • Stabilisierung und Verbesserung der Grundlagenausdauer
Wöchentlicher Gesamttrainingsumfang	160 - 185 Minuten
Trainingsmethoden	• Extensive Dauermethode • Variable Dauermethode • Intensive Dauermethode
Belastungsintensitäten	• 50% - 60% HFmax (REKOM)

	• 65% - 75% HFmax (extensiv DM)
	• 70% - 80% HFmax (variable DM)
	• 75% - 90% HFmax (intensiv DM)
Trainingshäufigkeit pro Woche	3-mal pro Woche
Trainingsdauer für die Trainingseinheiten	• 40 Minuten (REKOM)
	• 75 – 90 Minuten (extensive DM)
	• 45 – 60 Minuten (variable DM)
	• 30 – 45 Minuten (intensive DM)
Trainingsgeräte	Fahrradergometer, Laufband, Ruderergometer

3.2 Detailplanung Mesozyklus

In der folgenden Tabelle werden Belastungsparameter spezifisch für jeden Trainingstag des 6-wöchigen Mesozyklus dargestellt.

Tab. 5: Detailplanung des Mesozyklus (eigene Darstellung)

Woche 1	Montag	Mittwoch	Freitag	Woche 2	Montag	Mittwoch	Freitag
Trainingsziel	GA1	REKOM	GA1	Trainingsziel	REKOM	GA1	GA1
Trainingsmethode	extensive DM	extensive DM	variable DM	Trainingsmethode	extensive DM	variable DM	extensive DM
Trainingsintensität	65%-75% HFmax	50%-60% HFmax	70%-80% HFmax	Trainingsintensität	50%-60% HFmax	70%-80% HFmax	65%-75% HFmax
Trainingsherzfrequenz (Puls-ober- und Un-	Pulsuntergrenze: 128 S/Min Puls-obergrenze:	Pulsuntergrenze: 89 S/Min Puls-obergrenze:	Pulsuntergrenze: 124 S/Min Puls-obergrenze:	Trainingsherzfrequenz (Puls-ober- und Un-	Pulsuntergrenze: 89 S/Min Puls-obergrenze:	Pulsuntergrenze: 124 S/Min Puls-obergrenze:	Pulsuntergrenze: 115 S/Min Puls-obergrenze:

tergren- ze nach HFmax)	148 S/Min	106 S/Min	142 S/Min	tergren- ze nach HFmax)	106 S/Min	142 S/Min	133 S/Min
Trai- nings- dauer	75 Mi- nuten	∠0 Mi- nuten	45 Mi- nuten (5:5)	Trai- nings- dauer	40 Mi- nuten	50 Mi- nuten (10:10)	80 Mi- nuten
Trai- ningsge- rät	Lauf- band	Fahrrad- ergome- ter	Fahrrad- ergome- ter	Trai- ningsge- rät	Fahrrad- ergome- ter	Fahrrad- ergome- ter	Ruder- ergome- ter
Woche 3	Montag	Mitt- woch	Freitag	Woche 4	Montag	Mitt- woch	Freitag
Trai- ningsziel	GA1	REKOM	GA1	Trai- ningsziel	REKOM	GA1	GA1
Trai- nings- methode	variable DM	extensi- ve DM	extensi- ve DM	Trai- nings- methode	extensi- ve DM	variable DM	extensi- ve DM
Trai- ningsin- tensität	70%- 80% HFmax	50%- 60% HFmax	65%- 75% HFmax	Trai- ningsin- tensität	50%- 60% HFmax	70%- 80% HFmax	65%- 75% HFmax
Trai- nings- herzfre- quenz (Puls- ober- und Un- tergren- ze nach HFmax)	Pulsun- tergren- ze: 138 S/Min Puls- ober- grenze: 158 S/Min	Pulsun- tergren- ze: 89 S/Min Puls- ober- grenze: 106 S/Min	Pulsun- tergren- ze: 115 S/Min Puls- ober- grenze: 133 S/Min	Trai- nings- herzfre- quenz (Puls- ober- und Un- tergren- ze nach HFmax)	Pulsun- tergren- ze: 99 S/Min Puls- ober- grenze: 118 S/Min	Pulsun- tergren- ze: 124 S/Min Puls- ober- grenze: 142 S/Min	Pulsun- tergren- ze: 115 S/Min Puls- ober- grenze: 133 S/Min
Trai- nings- dauer	55 Mi- nuten (5:5)	40 Mi- nuten	80 Mi- nuten	Trai- nings- dauer	40 Mi- nuten	60 Mi- nuten (10:10)	85 Mi- nuten
Trai- ningsge-	Lauf- band	Fahrrad- ergome-	Fahrrad- ergome-	Trai- ningsge-	Lauf- band	Fahrrad- ergome-	Ruder- ergome-

rät		ter	ter	rät		ter	ter
Woche 5	Montag	Mittwoch	Freitag	Woche 6	Montag	Mittwoch	Freitag
Trainingsziel	GA 1	GA 2	REKOM	Trainingsziel	GA 2	REKOM	GA1
Trainingsmethode	extensive DM	intensive DM	extensive DM	Trainingsmethode	intensive DM	extensive DM	extensive DM
Trainingsintensität	65%-75% HFmax	75%-90% HFmax	50%-60% HFmax	Trainingsintensität	75%-90% HFmax	50%-60% HFmax	65%-75% HFmax
Trainingsherzfrequenz (Puls-ober- und Untergrenze nach HFmax)	Pulsuntergrenze: 128 S/Min Puls-obergrenze: 148 S/Min	Pulsuntergrenze: 133 S/Min Puls-obergrenze: 159 S/Min	Pulsuntergrenze: 89 S/Min Puls-obergrenze: 106 S/Min	Trainingsherzfrequenz (Puls-ober- und Untergrenze nach HFmax)	Pulsuntergrenze: 128 S/Min Puls-obergrenze: 148 S/Min	Pulsuntergrenze: 133 S/Min Puls-obergrenze: 159 S/Min	Pulsuntergrenze: 128 S/Min Puls-obergrenze: 148 S/Min
Trainingsdauer	90 Minuten	30 Minuten	40 Minuten	Trainingsdauer	45 Minuten	40 Minuten	90 Minuten
Trainingsgerät	Laufband	Fahrradergometer	Fahrradergometer	Trainingsgerät	Fahrradergometer	Fahrradergometer	Laufband

3.3 Begründung zum Mesozyklus

3.3.1   Begründung zum angestrebten wöchentlichen Belastungsumfang

Der Belastungsumfang wurde wöchentlich auf maximal 185 Minuten konzipiert, da der Kunde während der Diagnose einen beschränkten zeitlichen Verfügungsrahmen angegeben hatte. Die Trainingstage wurden auf drei Wochentage aufgeteilt, da laut Belastungsvorgaben mindestens 3 Einheiten pro Woche eingehalten werden müssen (Eisenhut & Zintl, (2014), S.125-126).

3.3.2   Begründung zu den ausgewählten Trainingsmethoden

Für den Mesozyklus wurden primär die extensive und die variable Dauermethode gewählt. Dies hat den Hintergrund, dass eins der Ziele die Verbesserung der Grundlagenausdauer ist und diese unter anderem von der variablen und extensiven Dauermethode trainiert wird (Eisenhut & Zintl, 2014, S.114-115).

In den letzten zwei Wochen des Mesozyklus wurde die Intensive Dauermethode eingebaut. Hiermit das Ziel angestrebt die Grundlagenausdauer von GA1 zu GA2 zu verbessern. Die intensive sowie die variable Dauermethode sind die bevorzugten Trainingsmethoden für den Aufbau der Grundlagenausdauer 2 (Neumann et al., 2007, S.131).

Der Intensitätsbereich der extensiven Dauermethode war ein weiterer Grund, diese Trainingsmethode in den Trainingsplan einzubauen. Trainierte Menschen haben bei einer Intensität von 75% die höchste Fettstoffwechselrate (Jeukendrup, 2005, S. 337).

3.3.3   Begründung zur Belastungsprogression

Die Belastungsprogression bezieht sich im oben abgebildeten Mesozyklus nur auf die Erhöhung der Trainingsdauer. Auf Grund des beschränkten Verfügungrahmen des Kunden konnte leider nicht die Anzahl der Einheiten pro Wochen gesteigert werden.

Auf Grund der Einbringung der Intensiven Dauermethode, wurde auch in diesem Bereich eine Progression durchgeführt. Diese wurde erst in den letzten 2 Wochen eingeführt, da zuvor mit der extensiven und variablen Dauermethoden die Grundlagenausdauer 1 ausgebaut wurde. Die Extensive Dauermethode hat die Aufgabe die GA1 des Trainierenden in den Bereich der GA2 zu verbessern.

3.3.4   Begründung zu den angesteuerten Trainingsbereichen

Der Trainingsbereich der Grundlagenausdauer 1 wurde mit einer höheren Intensität gewählt, da der Kunde bereits jahrelange Sporterfahrung durch den Handball hat und auch die Ergebnisse der Leistungsdiagnostik einen sehr guten Leistungszustand zeigten.

Das Grundlagenausdauertraining 2 wurde gewählt, da es ein persönlicher Wunsch des Kunden war seine Ausdauer für sein Hobby, den Handballsport, zu verbessern. Des Weiteren wurde bei der Zielsetzung die Leistungssteigerung für den Hollmann-Venrath-Test notiert.

Das regenerative Training wurde gewählt, um den Kundenwunsch des Stressabbaus nachzukommen und dem Kunden die Chance zu geben nach intensiven Trainingseinheiten und dem Handballtraining zu regenerieren. Die aktive Regenration wird nach intensiven Trainingseinheiten durch das REKOM-Training gefördert.

3.3.5 Begründung der ausgewählten Ausdauergeräte bzw. Bewegungsformen

Das Laufband wurde als Trainingsgerät für den Mesozyklus gewählt, da die Bewegungsform des Laufens im Vergleich zu anderen Bewegungsformen die meisten Kalorien verbraucht (Reim, 2001). In Hinsicht auf die Verbesserung des Fettstoffwechsels, gilt das Laufband also als optimales Trainingsgerät. Das Fahrradergometer wurde ausgewählt, um dem Trainierenden vor allem beim regenerativen Training zu unterstützen, da bei dieser Bewegungsform die geringste Belastung für den Bewegungsapparat herrscht.

Das Ruderergometer wurde auf Grund der Abwechslung zwischen den vielen Trainingseinheiten gewählt.

4   Literaturrecherche

In der nachfolgenden Tabelle werden zwei Studien über die Effekte des Ausdauertrainings bei arterieller Hypertonie gegenübergestellt.

Tab. 6: Literaturrecherche (eigene Darstellung)

	Studie 1	Studie 2
Name der Studie	Effekte eines 12-wöchigen Ausdauertrainings auf die körperliche Leistungsfähigkeit und den psychischen Zustand von Patienten mit isolierter systolischer Hypertonie	Auswirkung von Ausdauer- vs. Krafttraining vs. der Kombination Ausdauer-/Krafttraining auf die systemische Hämodynamik, Gefäßelastizität sowie Herzfrequenzvariabilität bei Patienten mit arterieller Hypertonie.
Autoren	Meißner R.	Bickenbach A.
Erscheinungsjahr	2011	2011
Versuchspersonen	Insgesamt wurden 57 Probanden für die Studie einbezogen. Ausgewertet wurden, wegen unterschiedlicher Vorfälle, die Daten von 51 Teilnehmern. 27 Personen in der Kontrollgruppe (davon 11 Männer und 16 Frauen). 24 Personen in der Trainingsgruppe (davon 13 Männer und 11 Frauen). Einschlusskriterien: <ul><li>Isolierter systolischer Bluthochdruck (systolisch > 140 mmHg, diastolisch ≤ 90 mmHg)</li><li>Mindestens 60 Jahre alt</li></ul> Ausschlusskriterien: <ul><li>Regelmäßige sportli-</li></ul>	Insgesamt wurden 55 Probanden mit Hypertonie Grad 1/ Prähypertonie einbezogen. Unter den Personen waren 42 Männer und 13 Frauen (54,7 ± 10,4 Jahre, 175,3 ± 8,3 cm, 87,3 ± 14,7 kg) Ausschlusskriterien: <ul><li>Patienten mit antihypertensiver medikamentöser Einstellung in den vergangenen zwölf Wochen vor Beginn der Studie</li><li>Probanden die in den letzten 3 Monaten vor Beginn der Studie regelmäßig sportlich aktiv waren</li></ul>

	che Betätigung in den letzten 12 Wochen vor Beginn der Studie • Periphere arterielle Verschlusskrankheit • Aorteninsuffizienz • Hypertrophe obstruktive Kardiomyopathie • Herzinsuffizienz • Absolute Arrhythmien mit hämodynamischer Relevanz • Systolischer Blutdruck > 180 mmHg	
Versuchsaufbau	Vor Beginn der Studie wurden bei den Teilnehmern Eingangsuntersuchungen durchgeführt. Diese beinhalteten eine Laufband-Spiroergometrie, eine 24-Stunden-Langzeitblutdruckmessung, eine Echokardiografie des Herzens sowie eine Untersuchung der kardiorespiratorischen Funktion mittels Ruhe- und Belastungs-EKG. Die Randomisierung erfolgte direkt nach der Eingangsuntersuchung durch eine am Computer erstellte Zufallsliste. Die Trainingsgruppe führte während der 12 Wochen ein Training auf dem Laufband durch, während die Kontrollgruppe in der gleichen Zeit kein Training absolvieren musste. Das Ausdauertraining von insgesamt 12 Wochen wurde	Randomisierte Aufteilung der Patienten in drei Gruppen. Gruppe 1 absolvierte nur ein Ausdauertraining. Die zweite Gruppe trainierte nur in Form eines Krafttrainings. Gruppe 3 absolvierte eine Kombination aus Ausdauer- und Krafttraining. Vor und nach dem 12-wöchigen Training, durchliefen die Probanden eine komplette ärztliche Untersuchung mit Leistungsdiagnostik und Bestimmung von Laborparametern und hämodynamischen Variablen. Die Patienten hatten die Aufgabe während der Studie ihre Ess-, Rauch- und Trinkgewohnheiten so konstant wie möglich weiter zu führen. Alle 3 Gruppen trainierten über einen Zeitraum von 12 Wochen, mit jeweils 3 Trainingseinheiten pro Woche. Währen der 12 Wochen wur-

	dreimal pro Woche, nach einem Intervall-Schema durchgeführt. Die ersten fünf Trainingseinheiten hatten die Trainingsintervalle von 5 mal 3 Minuten, die zweiten hatten 4 mal 5 Minuten, die dritten Einheiten hatten 3 mal 8 Minuten, die vierten beinhalteten 3 mal 10 Minuten. In den fünften fünf Einheiten erfolgten Intervalle von 2 mal 15 Minuten und in den letzten fünf Trainingseinheiten fand eine durchgehende Belastung von 30 bis 40 Minuten statt. Zwischen den jeweiligen Belastungen fand eine aktive Pause statt, in der die Teilnehmer in der Hälfte der Trainingsgeschwindigkeit weiter gehen mussten. Jeden fünften Trainingstag fand anhand einer Laktatkonzentration die Trainingssteuerung statt. Des Weiteren fand die Trainingssteuerung auch mittels der gemessenen Herzfrequenz und subjektiven Befindlichkeit der Probanden statt. Nach den 12 Wochen erfolgte eine Abschlussuntersuchung in der gleichen Form wie die Eingangsuntersuchung, um die möglichen Veränderungen zu erfassen.	den die Parameter Gefäßelastizität, maximale Sauerstoffaufnahme, Blutdruck und Herzfrequenzvariabilität untersucht.
Ergebnisse	Die maximale Leistungsfähigkeit der Probanden hat sich nach dem 12-wöchigen Ausdauertrainings signifikant verbessert. Während der	Die Werte der maximalen Sauerstoffaufnahme haben sich in allen drei Trainingsgruppen signifikant erhöht. In Gruppe 1 (Ausdauertraining)

	zweiten Belastungsstufe zeigten sich bei den Patienten der Trainingsgruppe signifikante Veränderungen bezüglich des systolischen Blutdrucks, des Laktatwertes, der Herzfrequenz sowie des Borg-Wertes. In der Kontrollgruppe trat nur im Bereich des systolischen Blutdruckwertes eine Veränderung auf. Des Weiteren konnte ein positiver Zusammenhang zwischen dem Borg-Wert und dem systolischen Blutdruck, der Laktatkonzentration sowie der Herzfrequenz nachgewiesen werden.	reduzierte sich der Blutdruck um -3,30 mmHg (2,35%). Bei der Kraftrainingsgruppe verringerte sich der Blutdruck um -4,90 mmHg (3,44%). In der 3. Gruppe, die das kombinierte Training durchführte, reduzierte sich der Blutdruck um -5,80 mmHg (4,18%).
Schlussfolgerung	Die Durchführung der Studie gibt Anlass zu weiteren Untersuchungen bezogen auf die positiven Effekte von körperlichen Aktivitäten bei Patienten mit einer isolierten systolischen Hypertonie.	Jede der drei Trainingsformen hat einen positiven Effekt auf den Zustand von Hypertoniepatienten. Die ausschlaggebendsten Ergebnisse erzielte die Gruppe mit dem kombinierten Training aus Ausdauer- und Krafttraining. Dies ist möglicherweise auf den doppelten Trainingsumfang, bzw. die doppelte Belastungsdauer zurück zu führen.

5   Literaturverzeichnis

Bickenbach, A. (2011). Auswirkung von Ausdauer- vs. Krafttraining vs. der Kombination Ausdauer-/Krafttraining auf die systemische Hämodynamik, Gefäßelastizität sowie Herzfrequenzvariabilität bei Patienten mit arterieller Hypertonie. Dissertation, Deutsche Sporthochschule Köln. Köln.

Eisenhut, A. & Zintl, F (2009). BLV Sportwissen. *Ausdauertraining: Grundlagen, Methoden, Trainingssteuerung*. München: BLV Buchverlag.

Gallagher, D., Heymsfield, S.B., Heo, M. et al (2000). Healthy percentage body fat ranges: an approach for developing guidelines based on body mass index. USA: American Society for Clinical Nutrition.

Jeukendrup, A. E. (2005). Fettverbrennung und körperliche Aktivität. Deutsche Zeitschrift für Sportmedizin, 56 (9), 337-338.

Meißner, R. (2011). Effekte eines 12-wöchigen Ausdauertrainings auf die körperliche Leistungsfähigkeit und den psychischen Zustand von Patienten mit isolierter systolischer Hypertonie. Dissertation, Medizinische Fakultät Charité - Universitätsmedizin Berlin. Berlin.

Middeke, M. (2004). Arterielle Hypertonie. Stuttgart: Georg Thieme Verlag KG.

Neumann, G., Pfützner, A. & Berbalk, A. (2007). Optimiertes Ausdauertraining (5., überarb. Aufl.). Aachen: Meyer & Meyer.

Reim, F. (2001). Kardiopulmonale, metavolische und subjektive Banspruchung beim gesundheitsorientierten Ausdauertaining an unterschiedlichen Indoo-Cariogeräten (Berichte aus der Sportwissenschaft). Zugl.: Bayreuth, Univ., Diss., 2001. Aachen: Shaker.

Trunz-Carlisi, E. (2004). IPN-Test – Ausdauertest für den Fitness- und Gesundheitssport. Köln: Institut für Prävention und Nachsorgen (IPN).

6 Abbildungs- und Tabellenverzeichnis

6.1 Abbildungsverzeichnis

6.2 Tabellenverzeichnis